Mônica Marsola   Tutti Baê

Canto

uma expressão

rincípios básicos de técnica vocal

Nº Cat.: 357-M

Irmãos Vitale Editores Ltda.
vitale.com.br
Rua Raposo Tavares, 85 São Paulo SP
CEP: 04704-110 editora@vitale.com.br Tel.: 11 5081-9499

DADOS INTERNACIONAIS DE CATALOGAÇÃO NA PUBLICAÇÃO (CIP)
(Câmara Brasileira do Livro, SP, Brasil)

Marsola, Mônica
Canto : uma expressão : princípios básicos de técnica vocal /
Mônica Marsola, Tutti Baê
São Paulo : Irmãos Vitale

ISBN 85-7407-122-6
ISBN 978-85-7407-122-0

1. Canto – estudo e ensino
I. Baê, Tutti
II. Título

01-1609 CDD-784.07

Índices para catálogo sistemático:

1. Canto : estudo e ensino 784.07

CRÉDITOS

Projeto gráfico e capa
Marcia Fialho

Ilustração da capa: acrílico sobre tela de
Susan Elizabeth Bolling

Editoração e revisão musical
Marcos Teixeira

Revisão de texto
Claudia Mascarenhas

Produção executiva
Fernando Vitale

SUMÁRIO

Arquivos de áudio *play-a-long* em MP3 estão disponíveis para *download* gratuito em:

vitale.com.br/downloads/audios/357-M.zip

ou através do escaneamento do código abaixo:

Obs.: Caso necessário, instale um software de descompactação de arquivos.

PREFÁCIO

A presente publicação trata de expressão, canto e música. Bem sabemos que o ser humano expressa-se das mais distintas maneiras. Como também são distintas as definições do que é música. Para Rilke, a música é o hálito das estátuas; para Schopenhauer, a música é pura vontade. Já o poeta e herói nacional cubano José Marti proclamou que a música é a alma do povo. Talvez essas visões não sejam antagônicas, mas complementares, e somadas contribuam nesse nosso delicioso debate filosófico.

Outras colocações sequer suscitam polêmica, pois são verdades unânimes. Uma delas é o incontestável fato do ser humano em qualquer época, em qualquer cultura, gostar de música. A outra verdade fundamental é que todo o cantor é antes de mais nada um neurótico. Eu afirmo isso de forma muito serena, pois na minha condição profissional de músico instrumentista participo da guerra eterna entre músicos e cantores. Estamos cercados de apocalípticos por todos os lados, pessoas que anunciam por todos os meios a chegada eminente do juízo final. Nesse dia, num grande julgamento universal, num gigantesco Nuremberg cósmico, Deus resolverá definitivamente as querelas entre cães e gatos, entre corintianos e palmeirenses e entre cantores e instrumentistas. Nós, os instrumentistas, chamamos os cantores de canários e relaxamos no palco escudados pelos nossos instrumentos. Sim, entre nós e a platéia existe um intermediário. Já o cantor tem o seu próprio corpo como emissor daquilo que é considerado o ponto dramático focal da apresentação. Melhor dizendo, toda a expectativa e toda a crítica estão amarradas ao frágil gogó do canário. É principalmente por intermédio do cantor que os indivíduos do público se identificam dentro do processo dialético do fenômeno musical. Ora o espectador imagina a si próprio sobre o palco, pois tem a fantasia narcisista de ser o centro da afetividade daquela circunstância; em outro momento esse mesmo espectador adota como sua a poesia da letra cantada, e então a voz do cantor e do espectador unificam-se no imaginário. Por isso o erro do cantor ofende as emoções profundas da platéia. Não é à toa que os cantores tornam-se famosos e paranóicos e têm uma relação agonística com sua obra; enquanto nós, músicos hedonistas, rastejamos pelos cantos ruminando a frustração de nosso anonimato, contando ótimas piadas e maldizendo a mídia manipuladora e burra.

Certa vez, fazendo um show com um grupo de músicos amigos, convidamos uma cantora para subir ao palco e cantar conosco. Ela prostrou-se maravilhosa em frente ao microfone e então nós tocamos a introdução da canção. No entanto, todos nós erramos, cada músico foi para um lado, erramos a harmonia e o ritmo estava indefinido. A platéia nem notou e lá estava a cantora, vítima de nossa incompetência, com um pé na canoa e outro na casca de banana, com a atenção da platéia convergindo para ela. Foram momentos num inferno, onde ela sem dúvida pensou furiosa: "Músicos filhos da puta, vocês querem me derrubar!". Então ela cerrou os olhos e arriscou sair cantando na mais árida solidão e nós, claudicando, fomos encontrando o caminho das pedras e lá pelo meio da canção conseguimos acertar. Acabou a música e fomos aplaudidos de maneira convencional. Nós sorrimos, agradecemos e, envergonhados no íntimo, fomos ao boteco beber e dar risada. Enquanto isso a cantora trancava-se no camarim e enfiava a cabeça debaixo da torneira arrependida de ter saído de casa.

Meu pensamento, como o leitor já deve ter percebido, é carregado de uma fúria classificatória, que vem embasada numa experiência sempre confirmada nesses anos de carreira. No entanto, existem exceções que confirmam a regra e no momento singular conheci as "pintassilgas" Mônica Marsola e Tutti Baê. Fui obrigado a rever minhas teorias, pois ambas, até onde as conheço aparentam uma impecável sanidade mental. São artistas de grande talento, dignas representantes da nova música popular brasileira, pois, além de cantar, investem na sua formação estudando harmonia, leitura musical, lecionando técnica vocal e agora publicando este livro.

Esta publicação pode significar um atalho no percurso padrão da saúde vocal de muitos artistas. No Brasil, em regra, a profissionalização na área musical é precoce, e o indivíduo com alguma vocação e pouco treino cai logo na vida, cantando em casas noturnas, shows, bailes, grupos de rock-and-roll etc. Por despreparo ou falta de condições técnicas ideais (amplificação deficiente, ambiente enfumaçado), esse profissional rapidamente arrebenta a própria voz. Então é obrigado a procurar um fonoaudiólogo que não tem a mínima obrigação de ensinar música, pois se dedica a reverter a patologia. Só nesse instante é que o cantor entende a necessidade de estudar canto, nem tanto com o objetivo de aprender a cantar, mas para aprender a não se machucar trabalhando. E só depois de começar as aulas percebe a importância de estudar música. E estudando música o profissional aprende a ouvir música. Essa audição criteriosa ilumina os caminhos do direcionamento artístico, questão essa fundamental na revitalização da música contemporânea.

O livro "Canto, uma expressão – Princípios Básicos de Técnica Vocal" de Mônica Marsola e Tutti Baê, é fruto da experiência de duas cantoras que encaram a música de uma maneira ampla e responsável construindo uma ligação direta entre a fisiologia, o canto, passando pela profilaxia, consciência corporal e mergulhando por fim no objeto final do artista, que é a expressão.

São Paulo, maio de 1999.
Guga Stroeter

APRESENTAÇÃO

Este livro é a expressão de nosso envolvimento com a Música, ou, mais especificamente, com a Arte de Cantar. A forma pela qual nós a interpretamos e a colocamos em prática no nosso dia-a-dia despertou-nos o desejo de compartilhá-la com outras pessoas que têm o privilégio de lhe serem sensíveis. Sabemos que essas pessoas são muitas, mas poucas conhecem o fato de que por detrás da beleza do canto está todo um rigoroso, complexo, mas fascinante trabalho de educação, aprimoramento da técnica e preservação do instrumental básico da voz: as pregas vocais.

A idéia deste livro nasceu da necessidade que tivemos de organizar e racionalizar o material acumulado em anos de estudo. Também, a experiência que adquirimos como cantoras atuantes em gravações e apresentações públicas foi essencial à adequação do material de que nos servimos para melhor ensinar.

O caráter didático deste nosso trabalho tem por base lições tiradas de estudos realizados por fonoaudiólogos, assim como de impressões trocadas com outros profissionais da área, cantores e instrumentistas.

Tendo em vista o objetivo maior deste livro, que é o de estabelecer uma relação mais empática e agradável com o aluno de canto, nós o estruturamos a partir da percepção de que as dificuldades decorrem sobretudo do material disponível. Ou seja, na medida em que o canto só existe enquanto técnica e aprendizado na área da música erudita, o canto popular, ainda que beneficiando-se disso, acaba por limitar-se a uma atividade marginal, secundária e sem os rigores dedicados àquela. Ora, aprendemos que na prática isso não acontece e que o refinamento da voz, em qualquer área do canto, seja ela erudita ou popular, não pode prescindir de técnicas que às vezes precisam ser específicas.

É por este motivo, principalmente, que registramos aqui

nossa contribuição. E este projeto só veio à luz com a colaboração de muitas outras pessoas. Em particular, agradecemos a Márcia Mayer, Mara Behlau, Dr. Seiji Nakakubo, Carlinhos Antunes, Luciano Kurban, Silvia Rodrigues Teixeira, Sandra P. A. Rocha, Luiz R. A. Rocha, Maria Orlanda Pinassi, Paulo Pagotto, Oswaldo L. Mori, Ruriá Duprat e Rogério Duprat.

Mônica Marsola
Tutti Baê

CAPÍTULO

1

Instrumento vocal: descrição e funcionamento

"A Música em qualquer latitude é linguagem universal, é uma dádiva que Deus concede ao espírito para sua ventura eterna, é energia cósmica expressa em sons ao invés de palavras, é a composição sonora que vibra pelo infinito sob a batuta do Regente Divino, traz em sua intimidade a palpitação da própria natureza, plena de forças criadoras, contendo em si a beleza, a poesia, a inspiração e o êxtase."

Ramatís

Neste primeiro capítulo, faremos um passeio pelo nosso instrumento vocal para conhecer suas partes, onde se localizam e qual a função que cada uma delas exerce em nosso organismo.

Como qualquer instrumentista, o cantor também necessita conhecer a fundo seu instrumento de trabalho, para que ele possa usá-lo sem danos, preservando seu potencial vocal por mais tempo.

O instrumento vocal se divide em três partes bem distintas; são elas :

1- O APARELHO RESPIRATÓRIO

Por onde o ar entra e passa (vias aéreas e pulmões).

- Vias aéreas: narinas, fossas nasais, faringe, glote, laringe e traquéia.
- Pulmões: brônquios, bronquíolos e alvéolos.

Os pulmões se localizam na caixa torácica, são de consistência esponjosa e sua cor é rosada devido à grande quantidade de sangue que neles circula. São o principal órgão do aparelho respiratório e constituem nosso receptáculo de ar .

O caminho do ar até chegar aos pulmões:

a) **Narinas:** onde o ar é aquecido, umedecido e filtrado;

b) **Traquéia:** bifurca-se, dando origem aos brônquios;

c) **Brônquios:** cada um deles leva ar a um dos pulmões. Os brônquios se ramificam em tubinhos que levam o ar até os alvéolos;

d) **Alvéolos:** onde é feita a troca do oxigênio (vindo do ar inspirado), pelo gás carbônico, presente no sangue, e posteriormente devolvido para o ar.

O ar entra e sai dos alvéolos graças ao movimento conjunto do tórax e do diafragma.

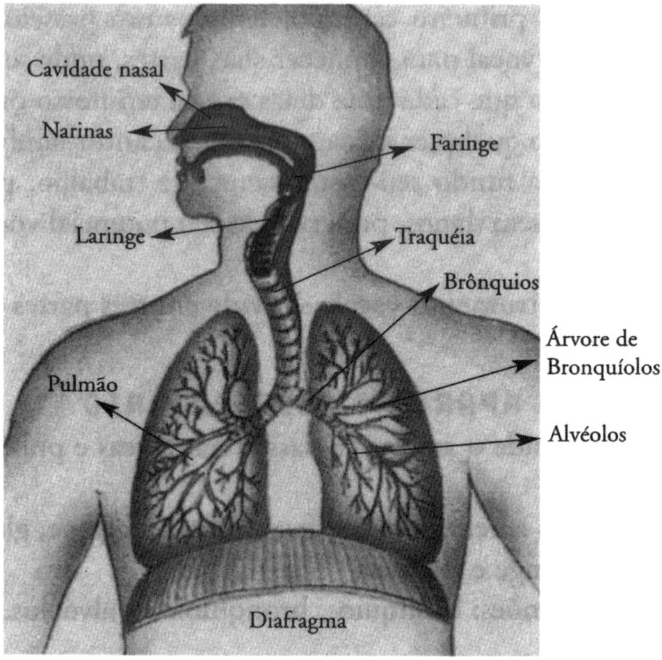

O aparelho respiratório

2 - O APARELHO FONADOR

Onde o ar se transforma em som ao passar pelas cordas vocais (nome popular dado às pregas formadas pela musculatura) localizadas na laringe.

A produção dos fonemas (som) ocorre pela modificação da corrente de ar que vem dos pulmões (corrente expiratória). Essa modificação é feita pelas pregas vocais e pelos articuladores .

Os articuladores têm a função de receber o som da laringe (pregas vocais) e dirigi-lo para o aparelho ressonador que irá influir na cor (timbre), sonoridade e amplitude da voz. A outra

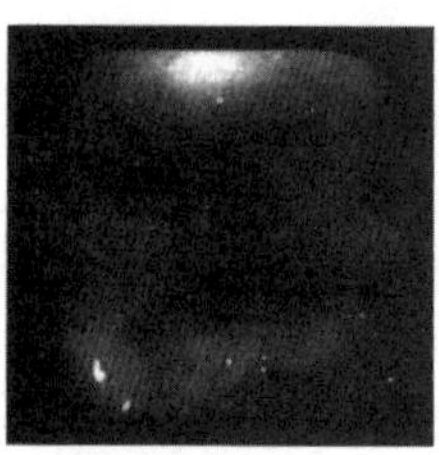

Prega vocal (silêncio)

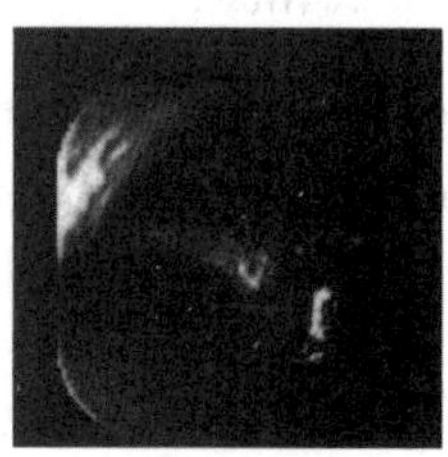

Prega vocal (emitindo sons)

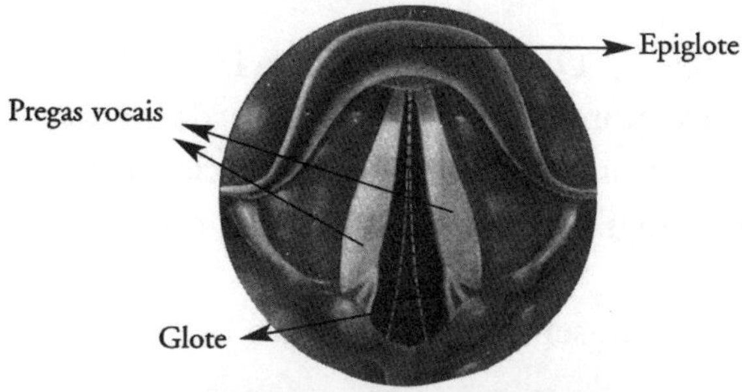

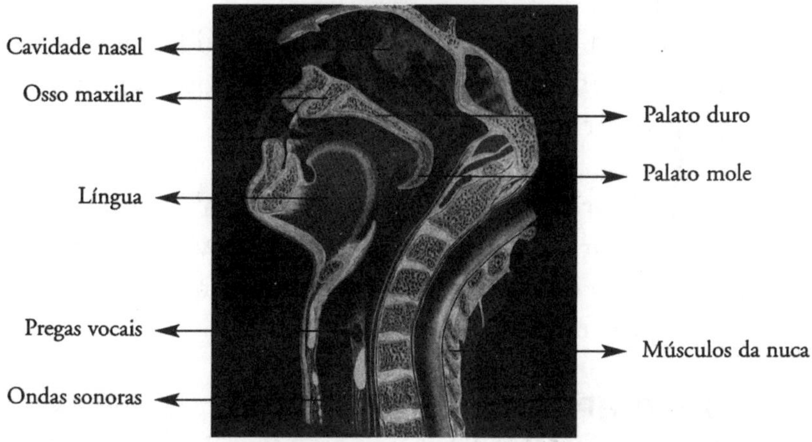

função é ajudar na formação dos fonemas.

Ex: fonemas bilabiais: m; linguodentais: t, etc.

ARTICULADORES:

MANDÍBULA INFERIOR: Único osso móvel da face, que sempre deverá estar relaxado.

LÍNGUA: Deitada e rasa no fundo da mandíbula inferior, apoiada contra os incisivos inferiores.

Nas vogais e na maior parte das consoantes a posição da língua deve ser a mesma; apenas nas vogais "e" e "i" ela tem um levantamento natural, porém sempre apoiada nos incisivos inferiores.

PALATO MOLE: Desobstrui o fundo da garganta ao levantar-se eliminando assim a aspereza da sonoridade tornando-a redonda.

LÁBIOS: Naturais, sem contrações musculares, mas firmes, de acordo com a pronúncia.

ALVÉOLOS, DENTES e PALATO DURO: Também são articuladores, porém passivos. A falta de dentes ou desalinhamento dos mesmos provoca pronúncia imperfeita e até mesmo ruídos desagradáveis, como chiados ou mesmo assovios.

Exercício para sentir o movimento do palato mole :

a) Inspire;
b) emita a vogal "a", passando em seguida para "an";
c) se necessário, encoste um dos dedos no palato mole para sentir melhor o movimento.

Ao realizarmos este exercício, "a " e "an" várias vezes dentro de uma respiração, vamos perceber o movimento do palato mole no "a " para trás (saída de ar pela boca) e no "an" para frente (saída de ar pelo nariz).

3 - O APARELHO RESSONADOR

Se perguntarmos a dez pessoas *"de onde ressoa a voz?"*, nove, pelo menos , responderiam: *"É da garganta"*.

Isso seria o equivalente a dizer que o violino ressoa sobre suas cordas, e todos sabemos que o valor de um violino não depende de suas cordas, mas sim de sua caixa (seu ressonador), da qualidade da madeira com que foi construído, de suas dimensões e dos detalhes de sua fabricação.

No canto, o ar, ao fazer vibrar as pregas vocais, produz um som insignificante, que necessita encontrar uma caixa de ressonância para poder amplificar-se.

Os ressonadores são muitos e quase poderíamos afirmar que todos os ossos do corpo entram em vibração para o canto. Portanto, aparelho ressonador é o local de onde se tira a qualidade do som e sua amplitude.

- CAIXA DE RESSONÂNCIA INFERIOR:
Faringe, traquéia, brônquios e pulmões.

- CAIXA DE RESSONÂNCIA SUPERIOR:
Cavidades bucais e cavidades da face.

Os ressonadores faciais (superiores) são os mais importantes. Essa região de ressonância é também conhecida como "MÁSCARA".

"CANTAR NA MÁSCARA" significa cantar utilizando os ressonadores da face. Esses ressonadores superiores são muito difíceis de serem usados adequadamente .

A ressonância facial aliada às ressonâncias de peito (graves) e palatais (médias), que são mais fáceis de se conseguir, asseguram à voz brilho em toda sua extensão.

A passagem fácil e sem defeitos do grave para o agudo depende muito da posição correta da boca (articulação), que desempenha um papel importante no aparelho ressonador.

Depois de tudo que falamos sobre os ressonadores, vamos fazer um exercício para que possamos, na prática, sentir o que acontece:

CAIXA DE RESSONÂNCIA SUPERIOR

1 - Inspire profundamente;
2 - Expire emitindo o fonema: Mémmmmmmm;
3 - Coloque as mãos no rosto (para sentir a vibração).

CAIXA DE RESSONÂNCIA INFERIOR

1 - Inspire profundamente;
2 - Expire emitindo a vogal A (no grave);
3 - Coloque as mãos no peito para sentir a vibração.

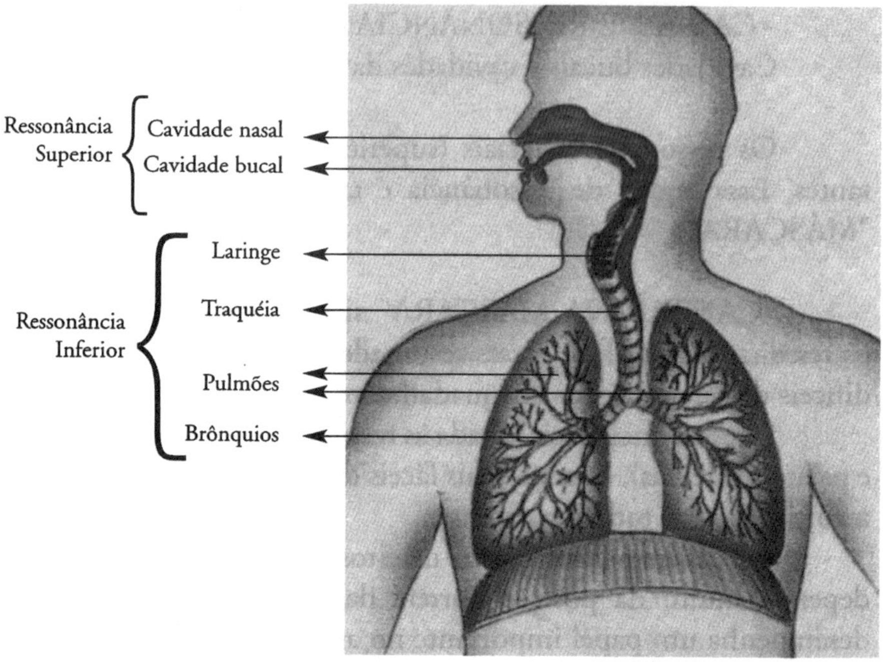

O aparelho ressonador (foto peito e frontal)

CAPÍTULO

2

Respiração

"Considera-se que o canto brota de uma fonte misteriosa, que anima toda a criação, todos os animais, seres humanos, árvores, plantas e tudo que ouvir. Na literatura oral, diz-se que tudo que tem "seiva", tem Canto."

Clarissa Pínkola Estés

A voz é o som produzido pelas pregas vocais durante a expiração.

O que faz as nossas pregas vocais vibrarem é a passagem do ar. Sem ar, não há som.

Por isso, saber respirar corretamente é fundamental.

A respiração diafragmática, intercostal ou torácica, fortifica os pulmões e oxigena o sangue, porque ela ativa os órgãos responsáveis que equilibram estas funções, sendo, portanto, a ideal para o canto .

A respiração possui dois movimentos; são eles: a inspiração e a expiração.

INSPIRAÇÃO: É a entrada de ar nos pulmões.

EXPIRAÇÃO: É a saída de ar dos pulmões.

Estes dois movimentos, inspiração e expiração, contam com o auxílio do famoso DIAFRAGMA.

E o que o diafragma tem a ver com inspiração e expiração?

Ele é o músculo que separa a cavidade torácica da abdominal, é essencial na respiração, principalmente na inspiração, sendo inclusive chamado de músculo-chefe da inspiração.

Durante a inspiração o diafragma desce até o abdômen, tornando possível a entrada de ar nos pulmões. Pode-se observar visivelmente este ar, pois forma-se uma pequena saliência no abdômen.

Na expiração, o diafragma apóia e pressiona a coluna de ar, que irá passar através das pregas vocais, produzindo o som.

É fundamental o uso correto do diafragma na respiração, pois, caso contrário, a garganta assume a função de apoio e com isso a voz sai com grande esforço, dificultando a boa emissão.

Durante a emissão do som, o cantor deve fazer uma leve pressão abdominal (baixo ventre, mais ou menos quatro dedos abaixo do umbigo). É para essa região que o cantor deve voltar sua atenção, principalmente nas notas mais difíceis.

Cada tom cantado, dependendo da altura e da intensidade, exige uma certa energia que é fornecida pela quantidade de ar. Controlar a respiração significa retirar dela toda a energia que o tom exige para manter a sua eficiência .

O cantor busca uma ginástica respiratória, porém essa inspiração deve ser normal, sem exageros e deformações no tórax e abdômen por excesso de ar.

O segredo do fôlego não está só na capacidade torácica, e sim em saber controlar, dosar e usar a musculatura que controla nossa respiração (diafragma).

Respirar bem é meio caminho andado para se cantar bem.

Inspiração e expiração

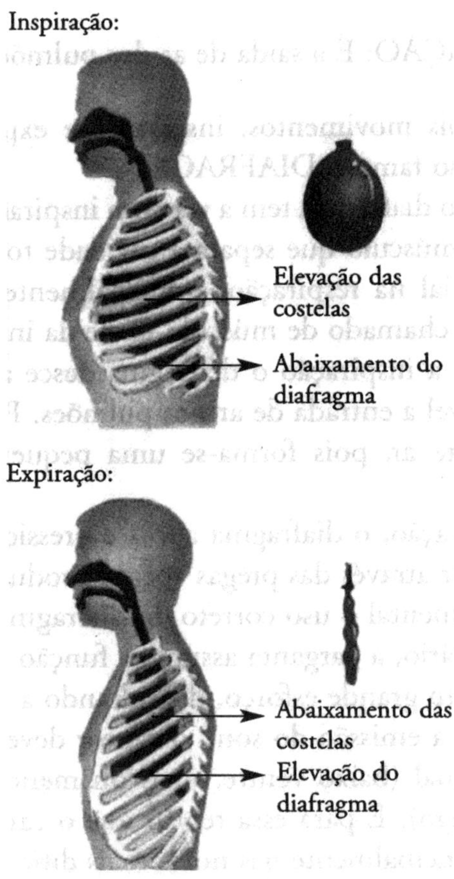

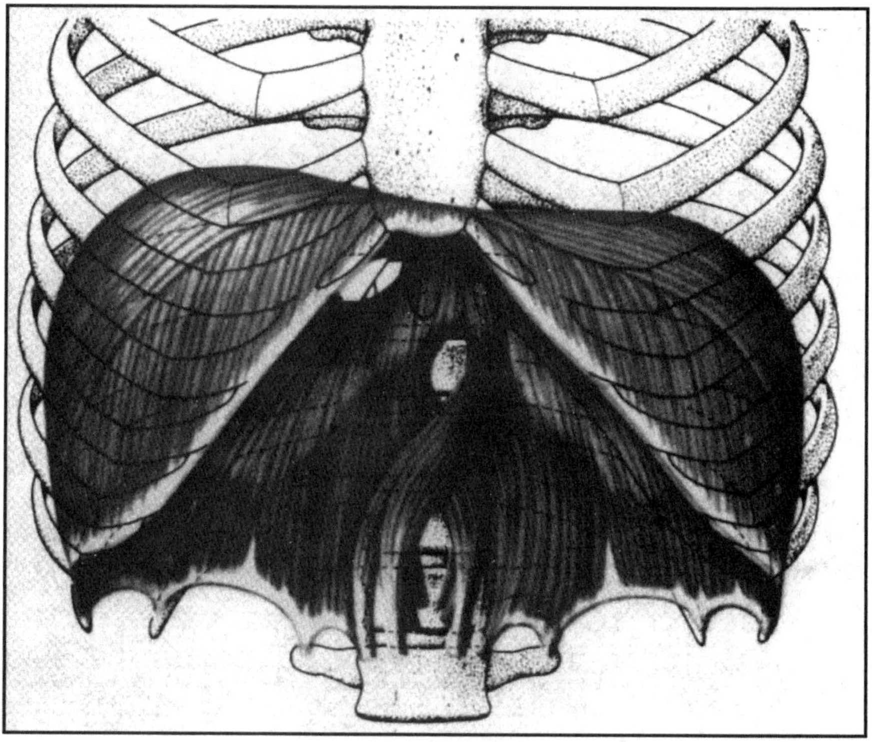

Diafragma

CAPÍTULO

3

Impostação vocal

"Amo a música, acredito na melhora do planeta, confio em que nem tudo está perdido, creio na bondade do ser humano e intuo que loucura é fundamental. Agora só me faltam carneiros e cabras pastando no meu jardim. Viver é ótimo! "

Elis Regina

Nos capítulos anteriores vimos como funciona o instrumento vocal, onde se localizam suas partes e o mecanismo da respiração; com base neste conhecimento faremos um estudo da técnica vocal a partir da vocalização.

Vocalização é a impostação da voz. Esta impostação é feita através de exercícios vocais: VOCALIZES.

Os vocalizes são feitos com intervalos musicais dispostos melodicamente (uma nota após a outra) e acompanhados por um instrumento harmônico (piano ou violão) assegurando a afinação do cantor. Os intervalos musicais na vocalização ajudam a educar o ouvido e trabalham fundo as nossas pregas vocais.

A vocalização correta exige o domínio da respiração (inspiração e expiração – diafragma), dos articuladores e dos ressonadores.

Os vocalizes são criados com vogais (vocálicos), sílabas (silábicos), palavras e frases.

Algumas vozes são trêmulas, outras nasais, outras guturais, veladas, duras, estridentes; há também as que têm ausência de potência, de extensão, de segurança, de comando e de elasticidade.

A prática contínua dos vocalizes fará com que pouco a pouco esses problemas sejam sanados e então teremos uma voz com extensão maior, sonoridade mais bonita, mais flexível, ou seja, que alcance as notas com mais facilidade, firmeza e segurança.

No capítulo I fizemos a descrição dos articuladores, agora veremos como a articulação funciona na vocalização.

VOGAIS:

Fonemas produzidos por uma corrente de ar vibrante que passa livremente pela boca .

As vogais são produzidas pelo diferente posicionamento dos músculos que delimitam a boca: a língua, os lábios e o palato mole. Sendo assim, as vogais podem ser orais e nasais.

1 - VOGAIS ORAIS: a corrente de ar vibrante passa apenas pela cavidade bucal. São estes os fonemas vocálicos orais: a, é, ê, i, ó, ô, u.

2 - VOGAIS NASAIS: a corrente de ar vibrante passa ao mesmo tempo pelas cavidades bucal e nasal. São cinco as vogais nasais: (nh) a, e, i, o, u.

ARTICULAÇÃO DURANTE A VOCALIZAÇÃO

Á, É, Ó: Sons claros, abertos e verticais.

Na posição da fala não se pode cantar; para se emitir as notas com perfeição deve-se ovalar a boca. Desta maneira o som recua para o fundo da garganta, dando o arredondamento da voz.

A pressão do ar faz com que o som entre para a ressonância alta através do palato mole e projete-se timbrado.

Ô, Û: Sons escuros, fechados e verticais.

É necessário também o ovalamento da boca e uma projeção acentuada dos lábios para a frente, para que o som se amplie.

À medida que os vocalizes atingem os agudos, o queixo vai descendo e dando espaço para o som ampliar-se.

Ê, Î: Sons escuros, fechados e horizontais (no grave), ou verticais (no agudo).

No grave, damos um leve sorriso para manter a voz vibrando no mordente.

Ao atingir os agudos, as vogais "ê" e "î" devem vibrar na ressonância alta; para que isto ocorra sem distorção, o sorriso permanece, porém a boca vai se ovalando em busca de um som arredondado e bem timbrado.

CONSOANTES:

São fonemas produzidos por uma corrente de ar proveniente dos pulmões que enfrenta obstáculos; dependem das diferentes posições da língua e dos lábios. Ao ponto da cavidade bucal em que se localiza o obstáculo à corrente de ar dá-se o nome de: ponto ou zona de articulação.

ZONA DE ARTICULAÇÃO DAS CONSOANTES

Bilabiais: Contato dos lábios superior e inferior. Ex: P, B e M.
Labiodentais: O lábio inferior toca os dentes incisivos superiores. Ex: F e V.
Linguodentais: A língua toca a face interna dos dentes incisivos superiores. Ex: D, T, e N.
Alveolares: A língua toca os alvéolos dos dentes incisivos superiores. Ex: S, Z e L.
Palatais: O dorso da língua toca o palato duro ou céu da boca. Ex: X, J, Lh e Nh.
Velares: A parte posterior da língua toca o palato mole. Ex: K, G (u), e R.

O cantor que se aplica ao estudo da técnica vocal (através de vocalizes) pode melhorar muito a emissão, beleza do seu timbre, tessitura, intensidade, ritmo e afinação.

O mecanismo da voz, em poucas palavras, é o seguinte: pela inspiração os pulmões se enchem de ar. Este ar se transforma em som quando, na expiração, as pregas vocais se aproximam o suficiente entre si, para vibrar com a passagem de ar . Os articuladores têm a função de receber o som da laringe (pregas vocais) e dirigi-lo para o aparelho ressonador, onde adquire amplitude e qualidade.

Durante a vocalização exercitamos nosso diafragma (respiração) e o uso correto dos articuladores e ressonadores. Desta maneira conseguiremos uma boa emissão do som.

Portanto, para a boa EMISSÃO é preciso a aplicação correta da vocalização.

A vocalização envolve a emissão do som em várias alturas e todas as pessoas possuem um potencial vocal que precisa ser avaliado antes de se iniciar o trabalho de vocalização.

CAPÍTULO

4

Extensão, tessitura, e registro médio

" Suponho haver na música uma significação oculta que faz dela uma das coisas mais importantes da vida, e que possui tremenda energia em potencial para o bem ou para o mal."

Confúcio

EXTENSÃO:

Refere-se ao limite de sons emitidos por uma voz, do grave ao agudo, mesmo além dos limites naturais de sua tessitura.

Abrange geralmente duas oitavas nos adultos. Porém, existem vozes que atingem três oitavas (Sarah Vaughan) ou até mesmo quatros oitavas (Mariah Carey), mas isso é incomum.

TESSITURA:

É o conjunto de notas, geralmente de uma oitava mais uma quinta, onde o cantor emite a voz com total homogeneidade.

Ex: Soprano

Extensão

Tessitura

Registro médio

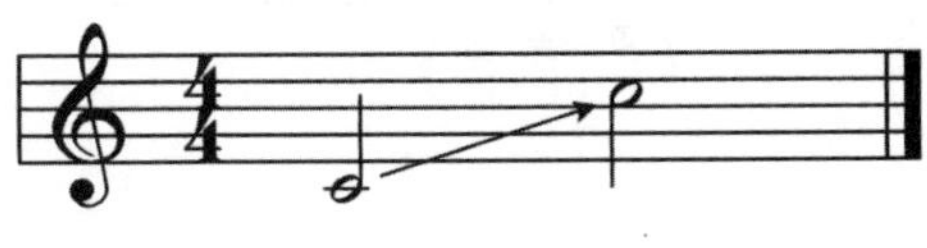

REGISTRO MÉDIO:

É a parte central da tessitura de uma voz. Ex: soprano.

Ao iniciarmos o estudo do canto, é mais prudente vocalizarmos no registro médio, alcançando depois a nossa tessitura, para não causar demasiado esforço e posterior dano às cordas vocais.

CLASSIFICAÇÃO DAS VOZES

MÚSICA ERUDITA:

Quando consultamos livros de canto, ou de teoria musical que trazem em seu conteúdo a classificação das vozes, percebemos que se referem ao uso da voz na música erudita, com tessituras mais amplas do que as usadas na música popular.

A música erudita é partiturada, portanto mais rígida na tonalidade, andamento e interpretação. De modo geral, o cantor erudito, pela própria natureza de seu trabalho, educa a voz de forma mais homogênea, tendendo a ampliar a tessitura e eficiência vocal.

Soprano
(Voz feminina aguda)

Mezzo soprano
(Voz feminina intermediária)

Contralto
(Voz feminina grave)

Tenor
(Voz masculina aguda)

Barítono
(Voz masculina intermediária)

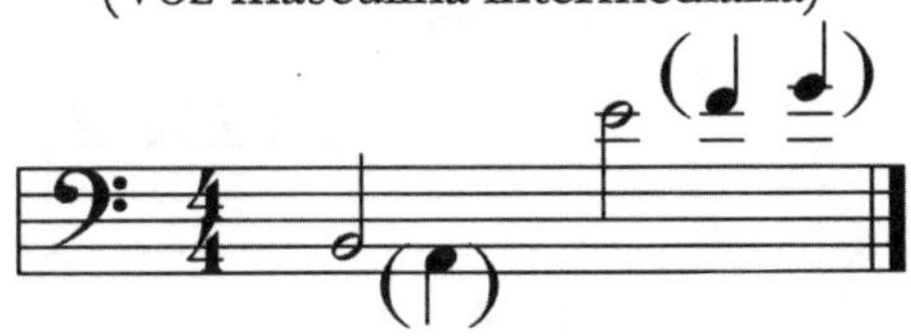

Baixo
(Voz masculina grave)

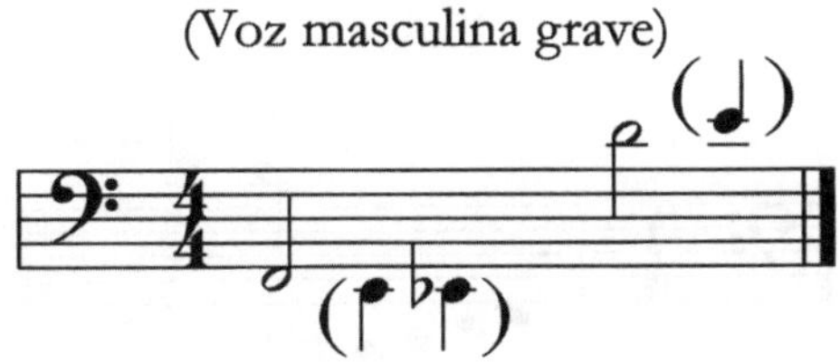

MÚSICA POPULAR:

A música popular permite maior flexibilidade, incluindo mudanças de tonalidade que se adaptam melhor à tessitura do cantor, oferecendo maior possibilidade de exploração de ritmos e efeitos vocais.

Por exemplo, se um soprano quiser cantar uma música originalmente composta para um baixo, ele muda para uma tonalidade adequada à sua tessitura.

Soprano

muito incomum

Contralto

Tenor

Baixo só barítono

só baixo

VOZES INFANTIS:

As vozes, tanto de meninos quanto de meninas, sob o ponto de vista musical não apresentam muita diferença e, por isso, são simplesmente classificadas como VOZES INFANTIS.

Não achamos aconselhável que crianças entre 0 e 12 anos pratiquem impostação vocal (vocalizes).

A criança sabe naturalmente como usar seu aparelho vocal e deve cantar livremente. É mais interessante nessa idade estimular a criança em seu "TODO CRIATIVO", deixando que ela primeiro explore e vivencie o espaço, objetos sonoros, instrumentos musicais, percepção auditiva, o imaginário, materiais plásticos diversos (argila, tintas, papel etc...), enfim: viva plenamente como integrante do Universo, optando posteriormente pelo aprofundamento em alguma área artística específica: música, teatro, dança, artes plásticas, canto etc.

ADOLESCÊNCIA:

MUDANÇA DE VOZ:

É na puberdade que acontecem mudanças na voz.

A puberdade acontece entre meninos dos 12 aos 16 anos, e entre meninas, dos 11 aos 14 anos.

As idades acima variam devido à precocidade ou retardo do desenvolvimento de todos os órgãos.

A mudança de voz caracteriza-se pelo crescimento anatômico da laringe em todas as dimensões.

MENINOS:

A mudança é caracterizada geralmente pela rouquidão. É radical, pois sua voz desce cerca de uma oitava, adquirindo mudanças no timbre, maior sonoridade e resistência.

MENINAS:

A mudança é menos brusca, sem rouquidão, mantém sua altura, tornando-se aveludada, melhorando a extensão, timbre e intensidade.

É bastante controvertida a opinião dos autores sobre se o adolescente deve ou não cantar nesse período.

Nossa experiência nos leva a acreditar que com acompanhamento de bons profissionais na área do canto não haveria inconveniente nisso.

CAPÍTULO

5

Timbre, intensidade, duração, andamento e altura

"A laringe do mundo é a caverna de luz, a garganta aberta dos deuses que, a cada primavera, renova a ação do abismo primordial abrindo suas portas ao sol que sobe como uma árvore, um ovo resplandecente ou um crânio cantante. E é esse crânio que enuncia novamente o mundo através de uma música, cujos raios ressoam primeiro como a sílaba OM...."

(do livro "O som e o sentido".)

José Miguel Wisnik

TIMBRE:

O timbre é a personalidade de cada voz. Todas as vozes possuem características próprias e únicas que as diferenciam das demais, é como se fosse a impressão digital.

O timbre é determinado por fatores complexos como: a estrutura anatômica dos órgãos fonadores, a capacidade das cavidades de ressonância, o número e ressonância dos harmônicos que acompanham os sons e que são determinados pelas dimensões das pregas vocais.

O timbre não pode ser mudado, mas, através da vocalização correta, poderá melhorar em muito seu colorido.

INTENSIDADE (dinâmica):

Intensidade é a propriedade do som de emitir uma nota mais forte ou mais fraca.

Ao cantarmos, notamos que, no decorrer de uma canção, dependendo da intenção, da letra e da melodia, não podemos emitir as notas com a mesma força (intensidade). A essa alteração de cantarmos algumas notas suaves, baixinho, e outras com mais volume, dá-se o nome de dinâmica.

Dinâmica é saber graduar a intensidade durante a execução musical. Na partitura é indicada pelos sinais

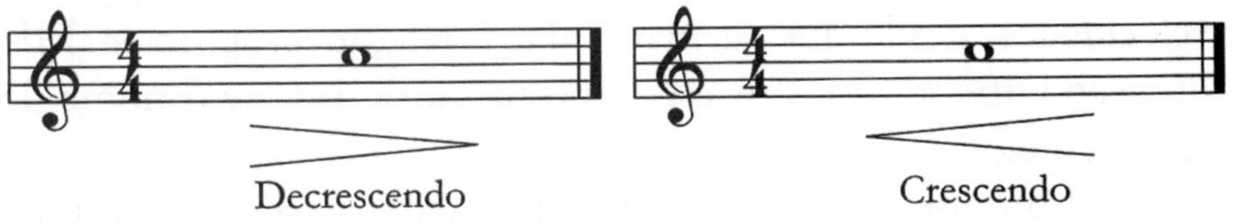

que indicam respectivamente: aumento e diminuição de intensidade; e por expressões, como por exemplo: forte (f), fortíssimo (ff), piano (p), pianíssimo (pp), mezzo forte (mf), etc...

Na música popular a dinâmica fica a cargo do arranjador, produtor ou, na maioria das vezes, do próprio intérprete, sempre respeitando o bom senso.

DURAÇÃO:

1. Bata o pé numa série contínua com intervalos iguais.
2. Cada batida corresponde a um "tempo", que é a unidade de medida da música.
3. Cante um som qualquer e segure durante 4 tempos.
4. Depois segure 6 tempos.

Pois bem, um mesmo som pode ter durações diferentes, portanto, duração é o tempo em que se prolonga o som.

Quando distribuímos e organizamos esses sons dentro de uma pulsação (seqüência de tempos periódicos), temos o ritmo. No nosso dia-a-dia, a todo o momento nos deparamos com ritmos, ainda que não tenhamos consciência disso. São as batidas do nosso coração, é o barulho do trem, o coaxar de um sapo (Hermeto Pascoal que o diga), a maneira contínua com que o sangue é bombeado em nossas veias , são as batidas de um ferreiro, é o ritmo contínuo de uma caminhada, etc...

Ao ouvirmos um samba, uma valsa, uma salsa, um choro, um tango, etc., conseguimos identificar seus diferentes estilos principalmente pelo elemento rítmico predominante.

ANDAMENTO:

Uma mesma canção pode ser cantada ou tocada em várias velocidades, desde que se mantenha a relação proporcional de duração entre as notas. A este aspecto musical dá-se o nome de andamento.

Na música erudita os andamentos são marcados na partitura por expressões como:

- Andamentos lentos: grave, largo, adágio, etc.
- Andamentos moderados: moderato, andante, andantino, etc.
- Andamentos rápidos: allegro, vivacce e presto, etc.

Exemplo:

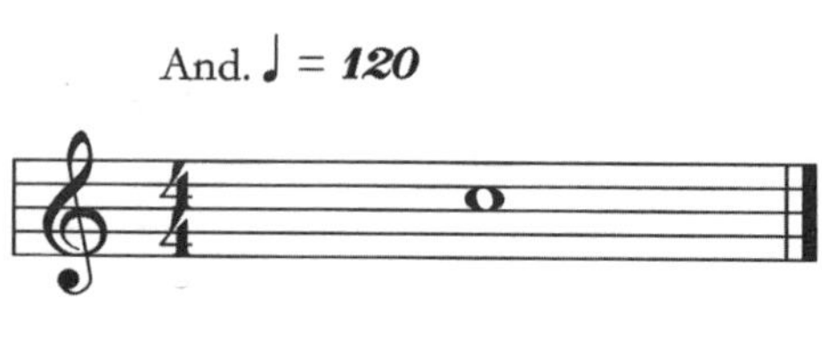

Fora as expressões acima, aparecem também em quantas unidades de tempo por minuto a canção deve ser executada, maneira esta usada também na música popular.

Para se ter o andamento exato, utiliza-se o metrônomo, que é um tipo de relógio, com uma régua que assinala os valores de unidade de tempo e um pêndulo. No exemplo acima, o pêndulo dará 120 batidas por minuto, e cada batida corresponde a uma unidade de tempo, no caso igual a semínima.

Na música popular o andamento não é tão rígido.

Quando definimos um andamento devemos estar atentos à maneira como este andamento pode interferir na emissão dos sons, na dicção das palavras e na respiração.

Ex : Num chorinho a velocidade em geral é rápida, mas deve se adequar de maneira a que se entenda a letra (dicção). Numa música romântica, se o andamento for muito lento, as notas se tornarão muito longas, o que exigirá mais controle da respiração diafragmática.

ALTURA:

A altura é a propriedade que determina diferenças sonoras quanto à classificação dos sons em: Graves, Médios, Agudos de acordo com sua frequência.

A frequência é o número de vibrações por segundo e o Som é Vibração. Quanto maior a velocidade da vibração mais agudo é o som, portanto quanto menor a velocidade mais grave é o som.

Estas vibrações são captadas pelo ouvido (tímpanos), transformadas em impulsos nervosos e transmitidas ao cérebro, que identifica os diferentes tipos de som.

No papel o som é representado pelas notas musicais, escritas no pentagrama (conjunto de 5 linhas e 4 espaços). A clave (sinal utilizado no início de uma composição), determina o nome das notas e pelo seu posicionamento no pentagrama podemos cantar ou tocar a nota na exata altura pedida. Quanto mais abaixo no pentagrama as notas estiverem representadas mais grave o som e conforme vai subindo estão representados sons mais agudos.

Estas notas dispostas sucessivamente formam a melodia. Esta propriedade está diretamente relacionada à afinação do cantor (ler pág 47).

CAPÍTULO

6

Ouvir, emitir e afinar

" Se você disser que eu desafino, amor.
Saiba que isso em mim provoca imensa dor
Só privilegiados têm ouvido igual ao seu
Eu possuo apenas o que Deus me deu..."

Tom Jobim / Newton Mendonça

O ouvido escuta o som e simultaneamente cristaliza as atitudes necessárias à arte vocal, o aparelho auditivo as posiciona de tal maneira que as respostas neuromusculares e sensoriais se realizam e determinam a audição.

Quando o som é captado pelos ouvidos, outros estímulos transmitem a informação aos centros cerebrais e aí o som é guardado na memória. Para coordenar o som e emiti-lo , entram em ação novos estímulos que partem de certas áreas do cérebro para os centros nervosos dos músculos respiratórios, laríngeos, bucais e outros. Então você ouve, guarda o som na memória e agora sim o emite.

Quando emitimos os sons cantados, eles podem soar afinados ou não. Mas, afinal, o que é afinação?

Diz-se que o cantor é afinado quando ele atinge as alturas sonoras propostas de maneira correta.

O som é movimento (vibração) e possui o que chamamos de freqüência (quantidade de vibrações por segundo). Se conseguirmos 16 vibrações por segundo, já ouviremos um som. Existe um padrão de afinação ocidental onde afina-se o LÁ em 440Hz (Hz = vibrações por segundo); essa maneira de afinar é uma convenção que pode variar de época para época. Por exemplo, no barroco a freqüência da nota LÁ era de 432 Hz.

Portanto, AFINAR é atingir a mesma frequência que foi tocada ou ouvida na melodia original a ser cantada.

Em geral para se ter acesso ao LÁ padrão (440 Hz) utilizamos o DIAPASÃO, que é um pequeno instrumento de metal em forma de forquilha que produz uma nota determinada, geralmente o LÁ; a partir dela você afina os instrumentos e vozes.

O DIAPASÃO também pode ser de sopro e produzir mais de uma nota para referência.

Alguns fatores interferem na afinação. A falta de percepção é um deles. Todos devem aprender a ouvir.

Quem é saudável fisicamente, escuta. A escuta pode ser consciente ou não. O cantor deve aprimorar sua escuta consciente, seu ouvido interior.

COMO? O cantor, ao ouvir um som, deve conseguir compará-lo e diferenciá-lo de outros. Por exemplo: um som grave, de um médio ou agudo; um som forte, de um som fraco; sons mais longos, de mais curtos; distinguir os timbres, os diversos instrumentos, até conseguir uma percepção mais fina, como, por exemplo, distinguir intervalos entre as notas, ouvir a harmonia (acordes que acompanham a melodia), etc.

Todos temos, pelo menos instintivamente, a noção sonora da escala de DÓ MAIOR:

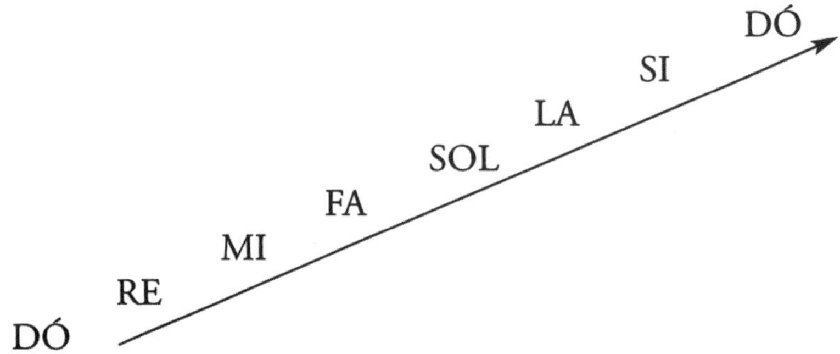

(dó mais grave para o mais agudo)

A partir dela, e com a ajuda de um bom professor, podemos trabalhar a percepção e o ouvido musical.

A estrutura musical não favorável, falta de atenção, repetição contínua de um mesmo trecho, respiração incorreta, falta de apoio no diafragma e notas no limite da tessitura também são fatores que interferem na afinação.

Todo o estudo ligado à percepção auditiva trará benefícios ao cantor, ampliando sua capacidade de criação, execução, interpretação e afinação.

Acreditamos que todas as pessoas que não possuem problemas físicos de audição, podem cantar afinadas. Existem, também, problemas psicológicos frente ao ato de cantar, falta de estímulo, ironias de amigos e parentes que comparam pessoas de uma mesma família, crença no "DOM" – que com certeza existe –, mas a educação do ouvido e desenvolvimento da percepção musical são possíveis.

Existem pessoas chamadas "*TONE DEAF*". Não existe uma tradução exata para este termo; digamos que seja "surdo para freqüências". Não é o desafinado; o desafinado tem consciência de seu problema. Quando um cantor emite uma nota desafinada, ele percebe seu erro. O *Tone Deaf* não, ele é capaz de cantar uma música inteira em outro tom e é inútil tentar convencê-lo de seu erro.

Acredita-se que o *Tone Deaf* tenha uma deformação no ouvido interno, que o impede de reconhecer as freqüências.

Do outro lado, existe o "OUVIDO ABSOLUTO". Você pode nascer com o ouvido absoluto e não perceber, até que venha a lidar com música ou som. O indivíduo que possui o ouvido absoluto reconhece as notas tocadas imediatamente em sua freqüência, quando tocadas sozinhas ou agrupadas. O ouvido absoluto é uma habilidade nata, mas não hereditária.

Pode-se desenvolver a percepção auditiva, mas não se transforma um ouvido relativo em um ouvido absoluto.

CAPÍTULO

7

Higiene vocal

"Renuncie a uma coisa somente quando desejar tanto alguma outra que a coisa renunciada nenhuma atração mais exerça ou quando parecer que ela está interferindo no que é mais intensamente desejado."

Gandhi

Existem algumas normas básicas que auxiliam a preservação da saúde vocal. A estas normas chamaremos HIGIENE VOCAL.

O cantor deve ter mais preocupação com a higiene bucal, pois qualquer irregularidade pode contaminar a garganta provocando rouquidão, irritação ou alterações vocais.

Uma rouquidão é sempre motivo de alerta. Caso a rouquidão não desapareça em uma semana, é recomendável procurar o médico, pois tanto pode se tratar de irritação momentânea como de um nódulo em formação, ou até mesmo um processo inflamatório mais sério.

Selecionamos alguns tópicos que geram dúvidas a respeito de suas influências na voz.

VERDADES e MENTIRAS

FUMO

1 - É VERDADE QUE FUMAR FAZ MAL PARA A VOZ ? POR QUÊ ?

Sim. A faringe e as cordas vocais são revestidas por um tecido chamado mucosa. Esta possui cílios móveis que servem para expelir a secreção do trato vocal. Quando a fumaça quente atinge as pregas vocais, ocorrem dois mecanismos, um de defesa que aumenta produção de secreção, e outro que envolve a parada da movimentação dos cílios, ocasionando depósito de muco, que provoca o pigarro. Além de fazer mal para a voz, o fumo é considerado um dos maiores responsáveis pela incidência do câncer de laringe e pulmão.

2 - A PESSOA EXPOSTA À FUMAÇA DO CIGARRO TAMBÉM SOFRE SUAS CONSEQUÊNCIAS?

Sim. Um indivíduo não fumante também pode apresentar alterações. Portanto, não fumar em ambientes fechados é uma questão de respeito à saúde dos outros e de educação.

3 - HÁ CANTORES QUE FUMAM?
Sim. Toda a ciência especializada afirma que o cigarro é prejudicial à saúde vocal, mas existem inúmeros profissionais que, mesmo tendo consciência disso, fumam, não necessariamente desenvolvendo problemas mais sérios por possuírem maior resistência ao fumo, o que não quer dizer que a longo prazo não ocorram distúrbios vocais e respiratórios. Os cantores e profissionais da voz (professores, políticos, atores etc.) não devem se esquecer de que utilizam mais a voz do que outros profissionais, logo, estão mais expostos a riscos.

4 - É CERTO FICAR PIGARREANDO PARA TIRAR A SECREÇÃO DA GARGANTA?
Não, pois as tentativas de soltar secreção causam uma irritação da mucosa e descamação do tecido. O mais adequado é a super-hidratação, bebendo de 2 a 3 litros de água por dia, para que a secreção saia espontaneamente. Recomenda-se, também, inspirar profundamente pelo nariz e deglutir logo em seguida.

ÁLCOOL

5 - FAZ BEM BEBER CONHAQUE ANTES DE CANTAR?
Não. Inicialmente o indivíduo se sente mais solto e a laringe é levemente anestesiada, por isso ele acaba cometendo abusos vocais e só perceberá suas conseqüências após o efeito da bebida. Estas conseqüências são: ardor, queimação e voz rouca e fraca.

6 - QUAIS AS BEBIDAS MAIS PREJUDICIAIS À VOZ?
Os destilados (uísque, vodca, pinga e conhaque), porém os fermentados (cerveja, vinho e champanhe) também não são indicados.

7 - QUER DIZER QUE OS CANTORES NÃO PODEM BEBER NEM AQUELA CERVEJINHA NO FIM DE SEMANA?

O cantor pode e deve fazer tudo que as outras pessoas fazem, desde que equilibradamente, durante o lazer, e não usar a bebida como apoio ou até mesmo achar que uma bebida pode esquentar ou mesmo amaciar sua voz antes de cantar.

DROGAS

8 - A MACONHA É PREJUDICIAL À VOZ?
Sim, pelos mesmos motivos da agressão do fumo, mas também pelas toxinas da queima do papel no qual a erva é enrolada.

9 - E A COCAÍNA?
Sim, também é prejudicial, pois lesa diretamente a mucosa. A cocaína injetável provoca fadiga vocal e dificuldade em manter comunicação adequada e eficiente.

ALIMENTAÇÃO

10 - O CANTOR DEVE TER UMA ALIMENTAÇÃO ESPECÍFICA?
Não, mas sua alimentação deve ser bem equilibrada e basicamente protéica, para dar força e vigor ao tônus muscular. Alimentos pesados e muito condimentados dificultam a digestão e também a movimentação livre do diafragma. Verduras e frutas bem mastigadas relaxam a musculatura da mandíbula, melhorando a dicção. Antes de cantar não devemos comer chocolate, leite e derivados, pois eles aumentam a formação de secreção, prejudicando a ressonância e produzindo pigarro.

11 - É VERDADE QUE MAÇÃ FAZ BEM PARA A VOZ?
Sim, pois possui propriedade adstringente, auxiliando a limpeza da boca e da faringe. Os sucos de laranja e limão também auxiliam a absorção do excesso de secreção.

12 - GELADO FAZ MAL?
Sim, pois causa mudança brusca de temperatura (choque térmico), causando descarga imediata de muco. Antes de engolir sorvetes ou sucos muito gelados, mantenha-os na boca por alguns segundos.

13 - O CANTOR DEVE USAR BALINHAS DE HORTELÃ, MEL, PASTILHAS, SPRAY LOCAL E GENGIBRE PARA MANTER SUA VOZ SAUDÁVEL?
Não. Estes recursos mascaram a dor do esforço vocal, dando uma falsa sensação de melhora, prejudicando ainda mais o estado das mucosas.

14 - O CANTOR DEVE PRATICAR ESPORTES E ATIVIDADES FÍSICAS?
Sim, a natação, o caminhar, a dança, ioga e outros são muito indicados. Deve-se evitar aqueles que exigem movimentos violentos de braços e que causam tensão muscular na região do pescoço, costas, ombros e tórax, como, por exemplo, tênis, basquete, boxe, vôlei, musculação e levantamento de peso.

15 - DURANTE A MENSTRUAÇÃO HÁ ALTERAÇÃO NA VOZ?
Sim. No período pré-menstrual e nos primeiros dias de menstruação, em consequência do edema (inchaço) das pregas vocais provocado pela alteração hormonal. Observamos voz cansada, discreta rouquidão com voz grossa e dificuldade em afinar.

16 - A IDADE MODIFICA A VOZ?
Sim. Nas mulheres, durante a menopausa a queda dos hormônios femininos produz uma voz mais grave, enquanto que nos homens, a terceira idade provoca um aumento de freqüência da voz, tornando-a mais aguda.

CAPÍTULO

8

Corpo, voz e interpretação

"Se você aprende uma canção e ela tem algo a ver com você, não há nada a se desenvolver, você simplesmente sente isso, e quando canta, as outras pessoas sentem algo também. Para mim não tem nada a ver com trabalho, arranjo ou ensaio. Me dê uma canção que eu possa sentir , e ela não me dará trabalho algum."

Billie Holliday

Toda a voz habita um corpo e quando ela soa todo este corpo vibra, movimenta-se sentindo as sensações desta vibração.

O ato da fonação provoca sensações internas em todas as pessoas, estejam elas conscientes ou não.

O cantor deve se conscientizar o máximo possível para que possa controlar a voz e utilizá-la de forma expressiva.

Até este momento falamos sobre o ato físico de cantar; neste capítulo falaremos sobre as sensações da música refletidas pelo corpo no ato da interpretação.

A emoção, quando é verdadeira, faz com que o corpo reaja através de gestos, expressões faciais e corporais, sem que antes você tenha ensaiado para isso. Por exemplo, o corpo de pessoas tristes possuem pontos comuns: postura arqueada, movimentos contidos, sensação de nó na garganta, bem diferente do corpo de pessoas alegres, que têm postura ereta, movimentos amplos, voz clara, olhar brilhante etc.

No ato de cantar nem sempre conseguimos buscar a emoção necessária para que o corpo reaja de maneira adequada; por isso muitas vezes utilizamos recursos gestuais forçados e estereotipados que não convencem platéia nenhuma. Daí a necessidade da conscientização e liberação do corpo, para que haja "entrega" na interpretação.

Esta conscientização é processo individual, pois o meu movimento expressivo para cada emoção não é igual ao seu; há pessoas que possuem gestos largos, expansivos e outras que reagem ao mesmo estímulo de maneira diferente, o que não quer dizer que a primeira sinta mais emoção que a segunda .

Mas como adquirir esta consciência?

Em primeiro lugar: Observando seu próprio corpo, seu movimento, sua postura, seu equilíbrio, suas tensões e pontos relaxados, seu andar, suas articulações. A conscientização se refletirá na interpretação que, por sua vez, possui dois momentos. Primeiro momento: como eu compreendo determinada canção (letra, música, harmonia, arranjo, ritmo...). Segundo momento: de que maneiras eu transmito o que compreendi (gestos, dinâmica vocal, luz, roupa, postura, localização no palco, etc...).

Se tenho consciência do meu movimento , meu corpo vai saber como se comportar e passar a mensagem desejada. Portanto, quanto mais explorarmos e conscientizarmos nossas possibilidades corporais, mais aptos e ricos em recursos estaremos para interpretar.

Quando se acredita de verdade naquilo que se canta, transmite-se a emoção, o sentimento, de dentro para fora, fazendo com que o corpo "fale", imóvel ou em movimento, sensibilizando o ouvinte. Cantar é transmitir sentimentos, emoções...

De nada valem a afinação, impostação e técnica, sem INTERPRETAÇÃO. É importante que o cantor, principalmente iniciante, não se prenda a somente um estilo de música, sendo interessante pesquisar um acervo variado de discos com vários estilos e compositores de diferentes épocas, estando aberto para ouvir música primitiva , étnica, erudita, caipira, popular, jazzística, instrumental, contemporânea e novos compositores.

Você deve ouvir para conhecer e perceber quais as canções que se identificam com você, para aos poucos selecionar as que o interessam.

Ouça, mas não se preocupe em imitar; ao interpretar uma canção que já foi gravada, busque a sua "voz", o seu estilo, a sua interpretação.

CAPÍTULO

9

Dicas aos cantores e profissionais da voz

"Enviar Luz à profundeza do coração é dever do artista."
Robert Schumann

1 - Não abandone os exercícios respiratórios e de técnica vocal que são as bases para uma boa carreira e saúde vocal.

2 - Uma voz bem trabalhada permite o domínio da expressão interpretativa.

3 - Não desgastar a voz em brigas, gritos , telefonemas longos e ao falar em locais ruidosos. A competição sonora é comum nas grandes cidades. O esforço vocal é maior em algumas situações comuns no dia-a-dia - por exemplo: professor em classe barulhenta, falar em automóveis, ônibus, trens, metrôs, praias, danceterias, festas etc... É aconselhável manter a intensidade vocal em um nível moderado em todas as situações.

4 - Não cochichar ou sussurrar, pois isso representa maior esforço vocal do que o necessário para a produção da voz normal.

5 - Depois de conseguir uma boa empostação, ao cantar ou representar, esquecer a voz e ouvir o coração.

6 - Ao primeiro sinal de resfriado: repouso vocal e alimentação adequada, na medida do possível.

7 - A desintoxicação do organismo clareia a voz.

8 - Usar roupas leves e folgadas permitindo a movimentação livre do corpo. Não apertar regiões do pescoço, onde se encontram a laringe e as pregas vocais, nem a cintura, pois aperta o diafragma, músculo muito importante para apoio respiratório.

9 - O calçado deve ser confortável e seguro; nunca compre um novo e vá para o palco sem testar antes.

10 - O sono descansa a voz. Uma noite bem dormida é muito importante, principalmente em véspera de show.

11 - Cuidado com o ar condicionado, pois ele retira a umidade do ar, ressecando as pregas vocais. Se seu uso for imprescindível, aconselha-se a ingestão constante de água na temperatura ambiente.

12 - Cuidado com os aquecedores de ar, pois o mecanismo de ressecamento é o mesmo do aparelho de ar condicionado, sendo também necessária a reposição de líquidos no organismo. Pode-se também utilizar recipientes contendo água para manutenção da umidade do ar.

13 - As bebidas alcoólicas, fumos e drogas são prejudiciais, entre outras coisas, à voz.

14 - Não ficar tomando remédios ou chupando pastilhas por conta própria , só se recomendado por médico.

15 - Não dê muita importância ao que leigos comentam sobre sua voz. Ex: voz sensual (rouca), ou você é desafinado, não tem talento para cantar, voz de "tanquara rachada". Procure um profissional da voz para esclarecer suas dúvidas.

16 - Não acredite em tudo o que dizem que é bom para a voz, pois nem sempre é.

17 - Não se deixe abalar por um fracasso ou por críticas venenosas.

18 - É importante que o cantor estude música, teoria, história, solfejo, percepção etc., para se integrar melhor no contexto do espetáculo e também facilitar a comunicação com os músicos, podendo assim expressar melhor suas idéias musicais.

19 - O espelho é um ótimo recurso para correção da emissão vocal. Verificar em frente ao espelho os lábios, a língua, a expressão facial etc...

20 - Saber ouvir é muito importante. Escutar discos e assistir a shows são atividades que enriquecem a vida do cantor.

21 - É necessário ouvir outros cantores, mas cuidado para não imitá-los. Busque sua identidade vocal.

22 - Articule cuidadosamente ao falar – isso requer menos esforço vocal para fazer-se ouvir.

23 - O artista deve ter uma vida interior intensa; que seus pensamentos sejam nobres, harmoniosos e positivos. Viva um pouco acima da realidade.

24 - O orgulho e a vaidade são dois sentimentos nocivos ao cantor.

25 - Cultive a humildade, tendo consciência de suas qualidades e limites.

26 - Devemos nos cuidar, mas sem exagerar. O exagero fará do cantor uma pessoa incômoda às outras.

27 - O equilíbrio entre mente, corpo e espírito reflete um cantor harmonioso.

CAPÍTULO

10

Cantar em público

"A vaia é uma manifestação. Pior seria a indiferença."
Arnaldo Baptista (Mutantes)

Uma das dúvidas que aparecem é saber quando se está realmente pronto para apresentar-se em público, seja num barzinho, baile, sarau, como backing vocal ou mesmo num show solo.

O cantor sabe que existem exercícios que podem ajudá-lo a cantar cada dia melhor, exatamente, dia após dia, sem pressa nem ansiedade, com constância e disciplina. Não existe uma linha divisória entre os atos de "estudar" e o de "cantar em público".

Ambos se complementam podendo caminhar juntos. Só acreditamos no estudo acompanhado da prática, seja ela formal ou não.

O cantar em público permite que você entre em contato com situações diferentes daquelas da sala de aula. Nela só existe o aluno e o professor; é o momento de repetir, experimentar, tirar dúvidas etc... Numa apresentação em público, outras situações aparecem: a platéia à sua frente, condições técnicas (som, iluminação, tamanho do palco etc); é o momento de pôr em prática seus descobrimentos e tirar deles experiências, conscientizar-se de dificuldades e qualidades.

O palco é um lugar mágico, fascinante, e todas as pessoas que têm oportunidade de ocupá-lo devem fazê-lo com o máximo de respeito e honestidade consigo mesmo e com quem as está ouvindo.

Cantar aquilo em que realmente se acredita. O canto reflete a alma. Independente de você se sentir preparado ou não, aproveite o momento e entregue-se à música e não transforme sua apresentação num problema. Aceite seus limites e faça tudo com muita calma e carinho. Tudo que é feito com verdade certamente terá boa receptividade do público.

Em dia de show, é muito comum antes de uma apresentação o cantor ficar resfriado, com dor de garganta ou outro tipo de doença relacionada com sua voz ou aparelho respiratório. Isso revela que a expectativa para tal apresentação foi mal canalizada.

Qual o lado bom da espera pela apresentação?

Muitos processos são acelerados; com certeza você não faltará às aulas de canto, ensaiará com a banda ou *play back*, estudará mais do que de costume, lapidando ao máximo o espetáculo como um todo. Como já escrevemos anteriormente, o processo de amadurecimento acontece passo a passo.

Portanto, cuidado com o que você imagina que irá acontecer no dia de sua apresentação.

A expectativa muito além do seu alcance pode gerar tensões, e, por conseqüência, sintomas indesejados.

Não esqueça que a técnica deve ser para o cantor uma conquista íntima, a ser interiorizada lentamente; portanto, no dia do show você deve se entregar de corpo e alma, com técnica, mas também com emoção.

Por mais agitado que esse dia possa ser, mantenha a calma e pense no que é necessário fazer para que tudo corra da melhor maneira possível durante a apresentação.

Seguimos agora com algumas dicas práticas:

• Caso você tenha de "passar" o som à tarde, aproveite ao máximo para se familiarizar com o palco, mas não exagere cantando ou falando demais, economize energia.

• Chegue ao local da apresentação antes do horário, isso é muito importante para o seu equilíbrio.

• Faça um bom relaxamento.

• Solte as articulações, fazendo um alongamento suave.

• Repasse mentalmente todos os detalhes do show.

• Vista-se com um pouco de antecipação, é importante que você se sinta à vontade com a roupa e o sapato.

• Aqueça suavemente a voz com alguns exercícios respiratórios e vocalizes.

• Busque uma integração com toda equipe (músicos e técnicos).

• Se você está se sentindo nervoso(a), não se preocupe!, Cacilda Becker dizia que o nervosismo é sinal de respeito ao palco e dá sabor especial ao espetáculo.

• BOM SHOW!

• Após o show não se esqueça de beber água, para repor o líquido perdido.

• Se tudo não correu da maneira que você esperava, relaxe e avalie de maneira sensata.

CAPÍTULO

11

Exercícios

"No corpo harmonicamente desenvolvido e elevado ao ponto supremo de energia penetra o espírito da dança (...), para o bailarino, convirá até que o corpo seja esquecido, quando muito , ele não mais será do que um instrumento valioso e bem afinado, no qual (...) também se possam refletir os sentimentos e pensamentos da alma."

Isadora Duncan

Antes da vocalização é necessário acontecer um aquecimento e relaxamento corporal.

AQUECIMENTO CORPORAL

PÉS:

Com a palma das mãos, massageie os pés em todos os pontos - metatarso, calcanhar e articulação dos dedos. Continue dando "tapinhas", para ativar a circulação.

TORNOZELOS:

Em pé, gire o tornozelo do pé direito para a esquerda e para a direita. Faça o mesmo com o pé esquerdo, em número de vezes igual ao do pé direito.

JOELHOS:

Continue em pé , colocando as palmas das mãos sobre os joelhos fletidos ; agora, gire os joelhos para um lado e para o outro.

QUADRIS:

a) Considere que o meio de suas pernas é o centro de um círculo e, girando o quadril desenhe um "círculo" nos dois sentidos. OBS: Comece com círculos de diâmetro pequeno e vá aumentando gradualmente. O movimento deve ser suave como se você estivesse usando um "lubrificante" .

b) Faça o mesmo desenhando um oito deitado:

TRONCO:

Ainda em pé, curve o tronco para frente, para um lado e para o outro.

Concentre-se no TRONCO, não use o quadril, o momento é de conscientização das articulações; perceba como você se movimenta, suas dificuldades e facilidades. Repita lentamente.

OMBROS:

a) Levante o ombro direito e deixe cair suavemente;

b) Faça o mesmo com o ombro esquerdo;

c) Gire os dois ombros nos dois sentidos.

COLUNA:

a) Como numa "escada imaginária" vá subindo com os braços alongando ao máximo a coluna, até ficar na ponta dos pés.

b) Solte os braços até o chão com os joelhos levemente flexionados e fique embaixo alguns segundos.

c) "Desenrole" muito lentamente a coluna, como se fosse uma folha de samambaia, olhando sempre para o abdômen, até ficar ereto. Muito lentamente, com carinho e respeito pelo seu corpo.

"AMASSANDO O BARRO":

a) Apoie e equilibre o corpo em um dos pés;

b) com o outro, vá "amassando o barro" que você imagina estar sob os seus pés.

c) Faça o mesmo do outro lado.

LÍNGUA:

O cantar pede a língua abaixada na boca; para conseguir isso de maneira adequada, são necessários alguns exercícios para que a língua se "tonifique", se fortaleça e ao mesmo tempo se mantenha relaxada.

a) Rode a língua dentro da boca 10 vezes para cada lado.

b) Movimente a língua lateralmente e rapidamente.

c) Abaixe a cabeça, solte a língua o máximo que puder, permanecendo alguns segundos nesta posição. Comece a levantar a cabeça sem forçar, de maneira que a língua entre na boca naturalmente, sem força. Repita algumas vezes.

PESCOÇO - EXERCÍCIOS CERVICAIS:

Movimente o pescoço como se estivesse dizendo:

a) Sim (para baixo, para cima):

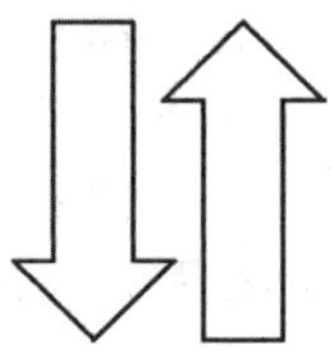

b) Não (para esquerda, para direita):

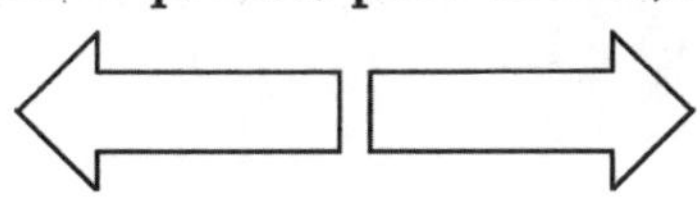

c) Talvez: Como se fosse encostar a orelha no ombro, cuidando para não subir o ombro.

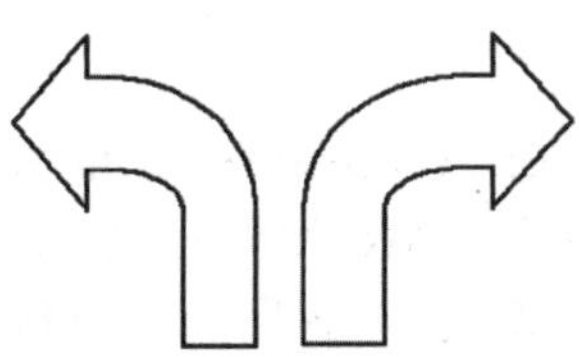

d) Círculos: Nos dois sentidos.

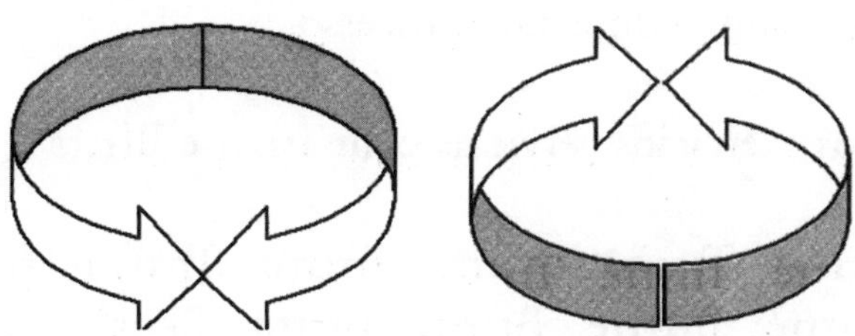

OBS: Neste ponto já poderemos começar a vocalização. Inicialmente utilizaremos o fonema:

Trrrrr: Este grupo consonantal, quando executado sem colocar "força" na garganta, serve para trabalhar a laringe, aquecendo-a e ao mesmo tempo relaxando-a.

Os exercícios cervicais anteriormente descritos podem ser executados com Trrrrr, por exemplo, no movimento de Sim. Inicie com Trrrrr; no meio do movimento quando o olhar estiver na linha do horizonte, comece a soltar lentamente o A, numa altura e volume confortáveis, sem a preocupação de cantar e, sim, somente emitindo a articulação do "A".

Ainda em baixo comece novamente o Trrrrr e vá soltando lentamente o "É" e assim por diante com todas as vogais.

OBS: Sempre que utilizarmos vogais elas serão:
A, É, Ê, I, Ó, Ô e U.

Ao executar o exercício, quando articular as vogais, lembre-se de como é a boca da referida vogal, por exemplo, A: Boca oval, vertical Ô: Boca oval, projeção dos lábios para frente e etc, tudo isto foi bem descrito no capítulo.

Brrrrr: Este fonema aquece toda a musculatura facial, preparando-a para o CANTAR. Você já deve ter observado bebês que ainda não falam começarem suas "Experiências vocais" utilizando Brrr, Trrr, mmm, P, e etc. O bebê utiliza estes recursos para se preparar para a fala. Como o canto é decorrência da fala, nós também retomaremos este processo.

Faça todos os exercícios cervicais com Trrrrr e Brrrrr

Trrrrra Trrrrré Trrrrrê Trrrrri Trrrrró Trrrrrô Trrrrru
Brrrrra Brrrrré Brrrrrê Brrrrri Brrrró Brrrrô Brrrru

RESPIRANDO:

1

a) Solte o ar em ffff (barriga se esvazia)

b) Inspire (barriga enche de ar)

c) Solte novamente o ar em ffff (meça o tempo em que permanece soltando o ar sem inspirar - comece com 10 segundos e aumente gradativamente).

Repita o exercício com 'X" e "S"

2 - Staccato (Destacando um som do outro) em S, F e X

a) Solte todo o ar em ffff

b) Inspire

c) Solte vários "s" curtos e separados um do outro. Para cada "s" a barriga "entra" (quando sai o som) e "enche" quando você inspira para emitir o próximo "s". Mesmo que você não inspire de um "s" para o outro é bom que faça este movimento, para que o exercício seja mais eficiente.

d) Repita com "f" e "x".

3 - "S" em Staccatto e Legatto (ligando um som ao outro)

a) Solte todo o ar em ffff

b) Inspire

c) Solte 4 "s", cada um durando 1 tempo (destacando um do outro)

d) Solte mais um "s" durando agora 4 tempos.

OBS: Repita várias vezes aumentando a duração do último "S" para: 8 tempos, 12 tempos, 16 tempos, 20 tempos etc., durante quantos tempos você agüentar.

O som do "S" longo deve ser o mais "equilibrado" possível, como se você soltasse o "s" pelo buraco de uma agulha, e o som saísse em quantidade , volume e timbre sempre iguais. O exercício deste controle faz com que no momento de cantar você utilize melhor o ar que inspirou, não tendo problemas como: respirar no meio da palavra, frase e etc...

4 - Staccato (com consoantes e vogais)

a) Solte todo o ar em ffff
b) Inspire
c) Emita B + a, é, ê, i, ó, ô, u
C
D
F
G
J
L
M
N
P
Q
R
S
T
V
X
Z

Obs: Cante num tom "agudo cômodo" a primeira consoante mais a primeira vogal em STACCATTO; a seguir a segunda, a terceira etc... Ex: Ba, Ca, Da, Fa, Ga, etc...

d) Repita o exercício com todas as vogais
e) Agrupe de 2 em 2 consoantes ex: Bacá, Dafá, Gajá, etc
O STACCATTO acontece na última sílaba.

f) Faça o mesmo com todas as vogais e agrupando em 3 sílabas (BaCaDá) , em 4 (BaCaDaFá), em 5 (BaCaDaFaGá), até fazer todas as consoantes seguidas staccando o Z.

5 - ASSOVIO

Assovie as canções antes de cantar. O assovio massageia as pregas vocais e torna mais perceptível o uso do diafragma, bem como a divisão da respiração.

6 - TÉCNICA DE VIBRAÇÃO

Vamos retomar agora à vibração:
EMITIR: Trrr
a) reto
b) modulado (ouça internamente Do, RE, e cante numa altura cômoda)
c) intervalo de quinta
d) oitava (começando no grave e indo para o agudo)
e) oitava (começando no agudo e indo para o grave)
f) Fazer o mesmo com Brrr, m, n, v, z e j.

7 - BOCEJOS VOCÁLICOS

bem ampliados com terminação em "m"
Ahhhhhhmmm
Éhhhhhhmmm
Êhhhhhhmmm
Ihhhhhhhmmm
Óhhhhhhmmm
Ôhhhhhhmmm
Uhhhhhhmmm

8 - MASTIGAÇÃO DO "m"

a) Mastigando, emita o som "mmmm" e sinta a ressonância na máscara.

b) Mastigando o "mmmm" seguido de vogais:
ORAIS: a, é, ê, i, ó, ô, u
NASAIS: ã,~e,~i,õ, ~u.
Ex: mmmmaaaaaaaa

c) O mesmo, iniciando com "mmm", passando para a vogal e voltando ao "mmm". Ex: mmmmaaaammmm

d) O mesmo iniciando com a vogal, passando para o "mmm" e voltando para a vogal. Ex: aaaammmmaaaaa
OBS: Fazer o exercício com todas as vogais.

9 - EMITIR:

"nnn", em seguida "mmm" e após uma das vogais:
a, é, ê, i, ó, ô, u.

n..........nasal
m.........face
vogal...espaço

CAPÍTULO

12

Vocalizes

"Sonho que se sonha só, é sonho que se sonha só. Mas sonho que se sonha junto é realidade."

Raul Seixas

VOCALIZES COM ALTURAS (NOTAS) DETERMINADAS

Os vocalizes* aqui selecionados foram recolhidos ou criados por nós durante aulas.

Os vocalizes aqui escritos devem ser cantados se possível com acompanhamento de um instrumento como referência, nota a nota (melodicamente), e modulados cromaticamente. Para um melhor aproveitamento, deve-se procurar um professor de canto para que ele faça a adaptação à sua tessitura vocal, pois os vocalizes com notas determinadas devem ser realizados dentro da tessitura vocal de cada pessoa (verifique capítulo IV), e aos poucos se estendendo para o grave e para agudo, de acordo com o desenvolvimento.

Durante a execução dos exercícios, tudo deve funcionar em conjunto - a respiração, ressonância, articulação, apoio do diafragma, dinâmica , afinação e ritmo.

Não é aconselhável executar todos os exercícios de uma só vez. O importante é fazê-los com atenção, volume moderado, em frente ao espelho (verificando a articulação e tudo que já falamos anteriormente). Sugerimos que o iniciante comece vocalizando apenas 15 minutos para que não haja esforço demasiado, principalmente se estiver se exercitando sozinho. Caso esteja acompanhado de um professor o tempo poderá se estender para 30 minutos ou mais, dependendo do mesmo.

* Veja a definição de vocalize no capítulo III, pág 27.

Vocalizes na tonalidade Maior

1

And. = 110

a) "Brrrrrrr" (Vibração de lábios)
b) *"Trrrrrrr"* (Vibração de língua)

2

And. = 80

a)"Mmmm"- Boca chiusa
(Lábios cerrados, língua abaixada)
b)*"Mmmm"* - Boca chiusa
(Lábios cerrados, língua abaixada e mastigando)
c) *Ma, ma, ma...*
d) *Mo, mo, mo...*

3

And. = 120
a) Mi - i - i - i - o
b) *Me - e - e - e - o*
c) *Mo - o - o - o - o*
d) *Ma - a - a - a - o*
e) *Mu - nu - mu - nu - mu*
f) *Mé - né - mé - né - mé*
g) *Mó - nó - mó - nó - mó*

4

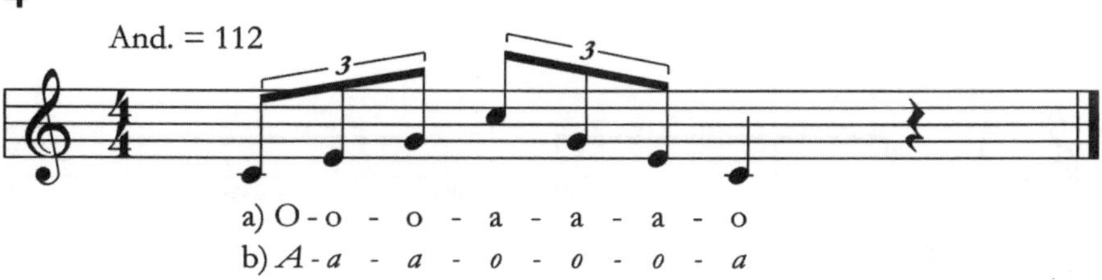
And. = 112
3
3
a) O - o - o - a - a - a - o
b) *A - a - a - o - o - o - a*

5

And. = 60
a) i - i - e - ó
e - ó - a - é
b) *a - o - a - o*
e - a - e - i
a - a - o - a
o - a - i - i
i - a - i - o
e - e - i - a

6

And. = 60

a) a - a - e - i________ i - i - e - a________

b) *a - a - a - a*________ *o - o - o - o*________

o - a - o - a________ e - e - a - i________

*e - e - e - e*________ *i - i - i - i*________

7

And. = 60

a) Já - je - já - je - je - ji - je - ji

b) *Jo - je - jo - je - ji - je - ji - je*

8

And. = 104

a) Dá - dá ...
b) *Dé - dé* ...
c) *Dê - dê* ...
d) *Di - di* ...
e) *Dó - dó* ...
f) *Dô - dô* ...
g) *Du - du* ...

9

And. = 112

a) Di - dé - do - do - da - da - do - do - di - dé - do - dé - di
b) *Bi - bé - bo - bo - ba - ba - bo - bo - bi - bé - bo - bé - bi*
c) *Ti - té - to - to - ta - ta - to - to - ti - té - to - té - ti*

10

And. = 120

a) Nai, nai...
b) *Góu, góu...*

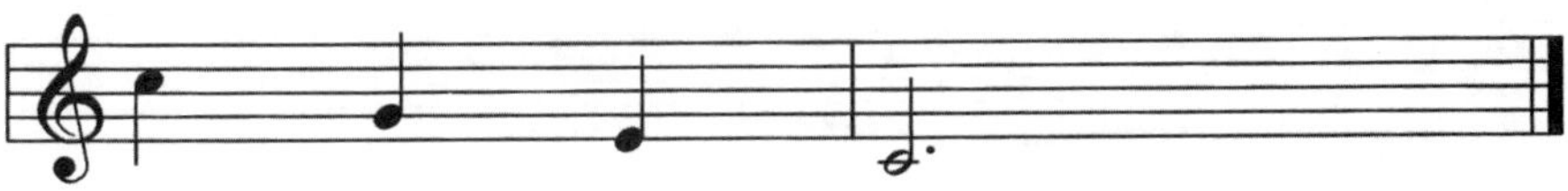

11

And. = 60

a) Pá - pá...
b) *Pê - pê...*
c) *Pi, - pi...*
d) *Pó - pó...*
e) *Pú - pú...*

12

And. = 94

a) Lá - lá...
b) *Lé - lé...*
c) *Li - li...*
d) *Ló - ló...*
e) *Lú - lú...*

13

And. = 69 Subida
a) O - o - o...
b) A - o - a - o - a - a
Descida (alternando)
O - o - o - i - i - i - o - o - o - e - e - e
A - a - a - i - i - i - a - a - a - e - e - e

14

And. = 80 ir aumentando até 104

a) Bá - da, bá - da, bá - da, bá - da, bá - da, bá - da gá
b) *Má - na, má - na, má - na, má - na, má - na, má - na nhá*
c) *Pá - ta, pá - ta, pá - ta, pá - ta, pá - ta, pá - ta cá*
d) *Lá - ra, lá - ra, lá - ra, lá - ra, lá - ra, lá - ra rá*
e) *Fás - sa, fás - sa, fás - sa, fás - sa, fás - sa, fás - sa chá*
f) *Vá - za, vá - za, vá - za, vá - za, vá - za, vá - za já*

15

And. = 90

a) Vi - vi - vi...
b) *Zi - zi - zi...*
c) *Ve - ve - ve...*
d) *Ze - ze - ze...*

Vocalizes na tonalidade menor

16

And. (a e b) = 120, (c e outros) = 100

17

And. = 100

18

And. = 74

19

And. = 60

20

And. = 74

21

And. = 80

a) Dá
b) *Dé*
c) *Dê*
d) *Di*
e) *Dó*
f) *Do*
g) *Du*

22

And. = 98

a) Di - dé - do - do - da - da - do - do - di - dé - do - dé - di
b) *Bi - bé - bo - bo - ba - ba - bo - bo - bi - bé - bo - bé - bi*
c) *Ti - té - to - to - ta - ta - to - to ti - té - to - té - ti*

23

And. = 140

a) Nai, nai, nai, nai, nai, nai,
b) *Góu, góu, góu, góu, góu, góu,*

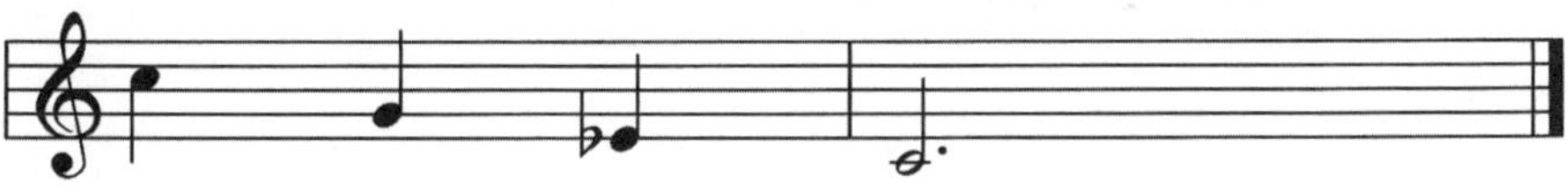

nai, nai, nai, nai
góu, góu, góu, góu

24

And. = 64

a) Pá, pá, pá...
b) *Pê, pê, pê...*
c) *Pi, pi, pi...*
d) *Pó, pó, pó...*
e) *Pu, pu, pu...*

25

And. = 100

a) Lá, lá, lá, lá, lá, lá, lá
b) *Lé, lé, lé, lé, lé, lé, lé*
c) *Li, li, li, li, li, li, li*
d) *Ló, ló, ló, ló, ló, ló, ló*
e) *Lú, lú, lú, lú, lú, lú, lú*

26

And. = 69

a) Vi, vi, vi...
b) *Zi, zi, zi...*
c) *Ve, ve, ve...*
d) *Ze, ze, ze...*

27

Subida
And. = 69
a) O, o, o, o, o, o...
b) A, o, a, o, a, a...

Descida (alternando)
O, o, o, i, i, i, o, o, o, e, e, e...
A, a, a, i, i, i, a, a, a, e, e, e...

28

And. = 80

a) Bá - da, bá - da, bá - da, bá - da, bá - da, bá - da gá
b) Má - na, má - na, má - na, má - na, má - na, má - na nhá
c) Pá - ta, pá - ta, pá - ta, pá - ta, pá - ta, pá - ta cá
d) Lá - ra, lá - ra, lá - ra, lá - ra, lá - ra, lá - ra rá
e) Fás - sa, fás - sa, fás - sa, fás - sa, fás - sa, fás - sa chá
f) Vá - za, vá - za, vá - za, vá - za, vá - za, vá - za já

Prosseguimos agora com mais alguns vocalizes que utilizam encadeamentos diversos e melodias de escalas variadas: maiores, menores, modais, pentatônicas, entre outras.

O andamento inicial deve ser lento e gradativamente a velocidade deve ser ampliada, de preferência com o acompanhamento de um metrônomo ou de um bit eletrônico.

A modulação inicial deve ser de meio em meio tom, posteriormente de tom em tom.

Vocalizes que utilizam encadeamentos diversos e escalas variadas

29

And. = 90

30

And. = 80

31

And. = 72

32

And. = 90

33

And. = 80

a) Bi, bop, bi, bop, bi, bop, vom, vam, vom, vam, vom
b) *Da, dop, da, dop, da, dop, vem, vam, vem, vam, vem*

34

And. = 80

a) Du, bi, du, bi du, do, da, dê, dé
b) *Bi, du, bi, du, bi, du, da, dô, dé*

35

And. = 80

a) Na, na, na...
b) *No, no, no...*

36

And. = 60

Vi, vi, vi, fi, vu, vu, vu, fu ô

37

And. = 60

a) Du, du, du, du...
b) *Pa, ra, pa, ra...*

38

And. = 70

39

And. = 70

40

And. = 70

41

And. = 70

42

And. = 70

43

And. = 64

44

And. = 90

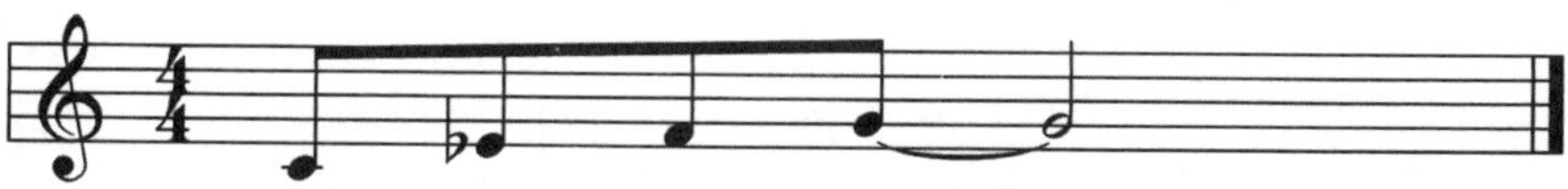

45

And. = 90

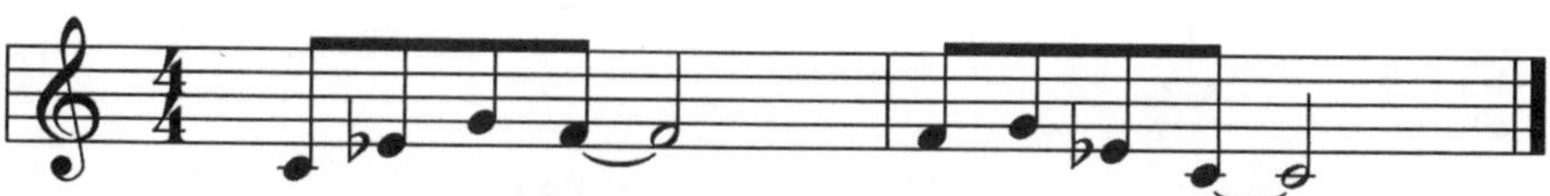

46

And. = 70

47

And. = 60

(Vibrato final)

48

And. = 70

a) Ma...
b) *Me...*
c) *Mi...*
d) *Mo...*
e) *Mu...*

49

And. = 64 (ornamento)

50

And. = 64

a) Da
b) *Dê*
c) *Di*
d) *Dó*
e) *Du*

51

And. = 64

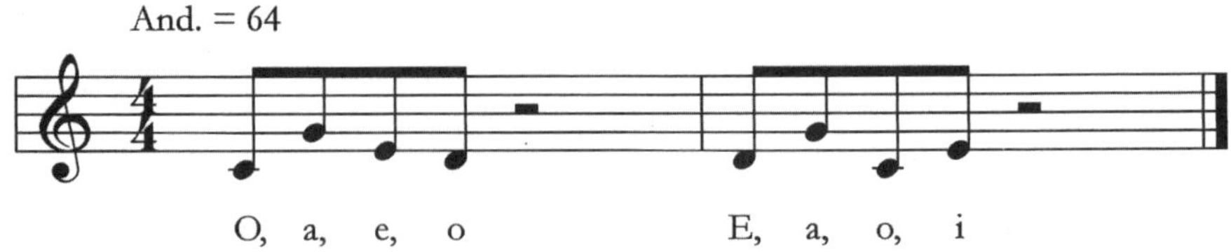

52

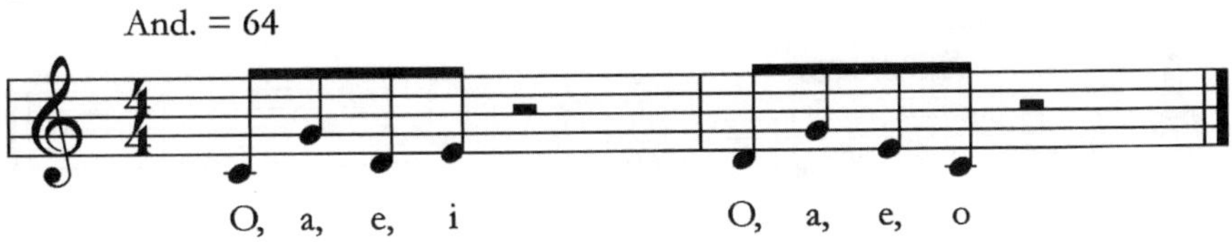

53

54

55

And. = 68
O, i, i, a, o, i, a, a, i, o i

56

And. = 68
3
E, a, o, i, e, a, e, a,
o

57

And. = 40
A, e, a, a...
I, e, a, a...
A, e, a, a...
I, e, a, a...

BIBLIOGRAFIA

BEHLAU, Mara & PONTES, Paulo. *Higiene vocal.* São Paulo, Lovice Ltda, 1993.

BLASIO, Denis di. *Guide for jazz and scat vocalists* . Jamui Aebersold, 1991.

CAESARI, E. Herbert. *Vocalizes.*

CARTOLANO, Ruy Botti. *Regência.* São Paulo, Irmãos Vitale, 1968.

LACERDA, Oswaldo. *Compêndio de Teoria elementar da música.* Editora Ricordi, 1991.

LAMPERT. *Kalmus vocal series.* Nova Iorque, Max Spicer.

LÜTGEN, B. *Kalmus vocal series - Vocalises.* Nova Iorque, Belwin Mills Publishing Corp.

MIRANDA, Nancy. *Apostila.* São Paulo.

QUINTEIRO, Eudóxia Acunã. *Estética da Voz.* Summus editorial.

RIGGS, Seth. *Singing for the stars.* EUA, Alfred Publishing Co. Inc, 1994.

VILLELA, Eliphas C. *Fisiologia da Voz.* São Paulo, 1961.

WEIL, Pierre & TOMPAKOW, Roland. *O Corpo Fala.* Petrópolis, Editora Vozes Ltda, 1982.

WISNIK, José Miguel. *O som e o sentido.* Rio de Janeiro, Companhia das Letras, 1989.

ZANDER, Oscar. *Regência Coral.* Porto Alegre, Instituto Educacional do livro, 1979.

AS AUTORAS

MÔNICA MARSOLA

Nossa vida musical se inicia intra-uterinamente. Comigo este início foi extremamente saudável. Aos 2 anos já cantava canções inteiras e aos 4 anos iniciei meus estudos.

Primeiro foi o piano...

É..., toda mãe gostaria que a filha tocasse piano, a minha também !

Apesar de me desenvolver muito bem, chorava durante todas as aulas e acabaram por deduzir que eu não gostava do piano. Mais tarde, aos 15 anos, descobri que o que ocorria na verdade era uma grande emoção causada pelo som do piano que me fazia chorar.

Passei então para o violão e logo juntei-o ao nosso primeiro instrumento: a voz .

O canto para mim sempre foi instintivo e a partir do estudo do violão a minha atitude vocal foi se moldando, unindo o erudito ao popular, o técnico ao orgânico. Nunca duvidei de que deveria fazer música !

Formei-me em violão clássico e complementei meus estudos com vários professores: Samuel Kerr (Canto Coral), Theophil Mayer (Canto), Stênio Mendes (Percussão Vocal), Edelton Gloeden (Violão), Fernando Carvalhaes (Canto), Villani Cortês (Composição), entre outros.

Cursei e complementei a Faculdade de Composição e Regência pela UNESP.

Paralelamente aos estudos atuo como cantora e instrumentista desde os 7 anos, participando de festivais, bailes, gravações de jingles, backing vocal, shows e discos ao lado de Boccatto, Chico Memória, Carlinhos Vieira entre outros.

Em 1981 gravei o LP independente "São Quixote", ao lado de Cláudio Lucci, com quem criei a trilha sonora das peças teatrais "Retratos de Dorian Gray" e "Amar Verbo Intransitivo", dirigidas por Roberto Cordovani.

Outra Paixão: Educação.

Desde os 11 anos troco com as pessoas minhas experiências. Dirijo há 18 anos a "Camerati Casa de Cultura", escola de arte que atua nas diversas manifestações artísticas: Música, Teatro e Artes Plásticas.

A musicalização de crianças e aulas de canto me fazem repensar e buscar cada vez mais o aperfeiçoamento da minha prática musical.

Hoje também dedico parte do meu tempo à reciclagem de professores de pré-escola e 1º grau, resgatando neles a musicalidade esquecida para que possam manter nas crianças uma boa relação com a arte e principalmente com a música.

Esta paixão pela Educação uniu os meus anseios aos de Tutti Baê. Foi aí que resolvemos escrever este livro.

Durante todos estes anos me divido em: educadora, cantora, compositora e instrumentista, me apresentando em bares, teatros e casas de shows.

Meu 1º CD, "LUZ", tem a produção musical de Filó Machado e mostra estas minhas várias facetas. Neste momento estou em fase de gravação do 2º CD.

Para mim, cantar é "essencial"!

Aproveito para dizer algumas palavras que fazem parte de uma das canções presentes neste 2º CD:

"Penduro o amor nas cordas da minha laringe,
cantando espanto os calos e os nós".

("Maduro" – Mônica Marsola / Oswaldo L. Mori / Júlio Bellodi)

TUTTI BAÊ

Comecei minha carreira muito cedo, sempre cantando em festas, saraus, festivais; passando mais tarde a cantar em bares e principalmente em orquestras de bailes que foram para mim uma grande escola. Nesta época abandonei o curso de Administração de Empresas para poder me dedicar mais intensamente ao estudo do canto.

Estudei canto com vários e renomados professores os quais puderam me dar uma excelente base para construir minha personalidade musical. Porém senti a necessidade adaptar tais técnicas líricas ao canto popular e foi nesse estudo que acabei criando exercícios específicos para vocalização sempre voltados para o canto popular.

Devido minhas próprias experiências fui aliando a técnica vocal aos exercícios de fonoaudiologia, à expressão corporal e interpretação, aos quais deram origem aos cursos que ministro desde 1989 em meu próprio estúdio em São Paulo.

Como cantora continuei minha jornada atuando em jingles, CD roms, CD's, shows solo e também ao lado de nomes como Luiz Melodia, Fátima Guedes, Jorge Benjor, Skowa e Chico Cesar. Em 1996 lancei meu primeiro CD, intitulado "Sensatez", que contou com a participação especial de Guilherme Arantes, Filó Machado e Badi Assad. Foi também em 1996, depois de uma longa conversa que tive com Mônica Marsola, que nasceu a idéia de organizarmos nosso material de canto transformando-o em um pequeno livro com o simples propósito de transmitir a outros apaixonados pelo canto, nossas experiências e esperando, de alguma maneira sermos úteis e fazer novos amigos.

Em 1998 concluímos o livro. Estou preparando meu próximo CD e continuo ministrando aulas de canto e oficinas.

CONTATOS :

Mônica Marsola
Rua Gandavo, 458
Vila Clementino, S.P.
Fone: (11) 5571-7064
E-mail: camerati@osite.com.br
Site: www.cameraticasadecultura.com.br

Tutti Baê
Fone/Fax: (11) 5679-5499
E-mails: tuttibae@uol.com.br
e tuttibae@tuttibae.com.br
Site: www.tuttibae.com.br